# SOCIÉTÉ

## DES AMIS DE LA LIBERTÉ ET DE L'ÉGALITÉ,

*Séante aux ci-devant Jacobins Saint-Honoré, à Paris.*

# DISCOURS

Sur la proposition d'entourer la Convention Nationale d'une Garde armée, prise dans les 83 Départemens;

PRONONCÉ, EN SUBSTANCE, A LA TRIBUNE DE LA SOCIÉTÉ,

*Le Lundi 22 Octobre 1792, an 1er. de la République françoise;*

Par le citoyen *Louis-Léon* SAINT-JUST, Député à la Convention Nationale.

S I l'inſtitution d'une force nationale, autour de nous, eſt née d'un eſprit de domination, je licencie ma part de cette force, & la renvoie au peuple,

A

pour l'armer lui-même contre ſes oppreſſeurs. Si cette inſtitution eſt une meſure contre le déſordre & l'anarchie , le remède à ces maux tient à d'autres idées que celles de la force. Enfin , ſi les auteurs de ce projet l'ont regardés comme un principe de rectitude dans le corps politique , ils ſe trompent encore. Un grand peuple qui , trois fois , en trois ans , a changé de conſtitution & d'esprit , qui lutte contre ſa propre agitation , & l'inſuffiſance de ſes loix ; ce grand peuple doit être gouverné par des moyens plus doux. Ralliez tous les hommes autour de la patrie ; rappellez la paix , & calmez la licence , en intéreſſant l'honneur & l'orgueil public au maintien de tous les droits.

Citoyens , ſi votre deſſein , en ſongeant à vous environner de milices , étoit de rendre le calme à l'Empire , je vous déclare qu'en combattant votre projet , je n'ai point d'autres vues moi-même. J'examine dans quelles circonſtances nous nous trouvons, ce que nous ſommes, quels écueils nous attendent , & je crois qu'il faut d'autres & meſures pour nous-mêmes , & pour opérer ce *lien moral* dont vous parlez.

Et moi auſſi , comme Buzot , je définis la république , *une confédération ſainte d'hommes qui ſe reconnoiſſent ſemblables & frères, d'hommes égaux, indépendans , mais ſages , & ne reconnoiſſant de*

( 3 )

*maître que la loi émanée de la volonté générale, librement exprimée par les repréfentans de la république entière.*

Le principe nous eft commun ; nos conféquences diffèrent.

On vous a dit auffi , citoyens, que la république eft une , & indivifible; *que vous devez l'envifager fans ceffe avec l'entière abftraction de tout lieu & de toutes perfonnes. C'eft elle , a-t-on dit, que vous avez confidérée , en arrétant d'en extraire une portion confervatrice pour le corps de fes repréfentans.*

Je m'arrête , & je confidère quelle eft la nature de cette intenfité qui entretient, dans la république, l'intelligence & l'unité de fes parties.

La divifion de la cité ne confifte point dans une fraction du territoire ; l'unité ne dérive pas de l'indivifibilité du domaine ; mais cette divifion confifte précifément dans ce que le *rapporteur* prétend être le principe de l'unité; elle confifte dans l'extraction d'une portion de citoyens de la maffe des citoyens, & le rapporteur confond ce qui refferre , fans mefure ni proportion , le lien du joug politique , & le porte à la tyrannie, avec ce qui rallie les citoyens, & les ramaffe contre toute force illégitime, foit dans le magiftrat, foit dans lui-même.

A 2

Ainsi, la rectitude du corps social dérive bien de l'entière abstraction de tout lieu & de toute personne ; mais à l'instant où le magistrat, confondu avec la loi, est armé, il y a deux personnes dans l'Etat. L'ordre ne résulte plus de la co-relation des mouvemens de la personne unique, mais de l'impulsion de la force qui commande.

Le rapporteur ajoute : *Les représentans appartiennent à la nation ; donc la nation doit être appellée à les honorer de sa vigilance.*

Si le peuple lui-même étoit appellé à cette vigilance, je dirois que cela est raisonnable, & que le peuple doit assurer votre liberté ; car vous êtes sa providence, & rien ne doit altérer votre sagesse dans le calcul de ses destins : mais loin d'appeller autour de vous l'égide du peuple, vous l'écartez lui-même par un corps particulier, qui perd son analogie avec lui, aussi-tôt qu'il est un corps particulier. La même chose vous arriveroit à vous-mêmes ; vous seriez distincts du peuple au milieu d'une milice, & vous ne le pouvez pas sans dénaturer votre identité avec lui. Pour que le peuple veille autour de vous, il faut qu'il y veille lui-même ; car que le peuple concentre sa volonté dans sa Convention, cela se conçoit ; la volonté de tous s'explique par leur intérêt : mais qu'on parle de concentrer dans un corps militaire le principe d'identité du peuple avec vous , c'eſt ce qui me préſente le germe déjà renaiſſant d'une puiſſance perſonnelle, au mi-lien d'un peuple qui ne veut point être dominé, mais qui veut compoſer ſa liberté de l'obéiſſance de chacun à l'harmonie indiviſible & homogène du corps entier.

Si votre commiſſion avoit été chargée de parler contre la force armée qu'elle vous proposé , elle n'auroit point changé de langage.

Je n'oppoſe point à ſon projet l'exemple des gardes prétoriennes. Il s'agit ici d'un corps de lé-giſlateurs, qui ne prétend rien uſurper par les armes, à moins qu'on ne veuille dire que ceux qui penchent pour ce décret , ne prétendent , à l'abri de l'inſur-rection , marcher à un *centumvirat.*

Mais le rapporteur ajoute , pour écarter l'idée de vivre ſimplement ſous le régime hoſpitalier de la police de Paris , *que la garde formée de ſes ha-bitans , ſoumiſe à la volonté d'un ſeul homme, peut devenir comparable à la garde prétorienne , & à l'état-major de Lafayette.*

Il s'en faut bien que cela ſoit de quelque poids ; c'eſt une manière de tourner les armes de l'oppoſi-tion contre elle-même. En effet, qu'y a-t-il de commun entre un corps politique de Rome , ſans gouvernement , & ſans loix , du temps des Céſars , & la garde nationale de Paris , ſoumiſe à ſes loix,

A 3

& fans prince ? On parle de l'état-major de Lafayette. Lafayette étoit légiflateur & général dans
un temps d'anarchie. Craignez-vous aujourd'hui
quelque chofe de Santerre ? Peut-être auriez-vous
davantage à redouter le chef & l'état-major de
cette armée indépendante , placée entre le peuple
& vous.

Je crois que votre comité avoit calculé légère-
ment les proportions d'unité , & les confidérations
politiques de ce projet.

Votre rapporteur vous a parlé de factions. Je dé-
fire, avec le même intérêt, qu'on arrête les com-
plots. Le mal n'eft pas tout entier dans les ames
ardentes. J'ai obfervé attentivement & cette affem-
blée , & Paris. J'ai fuivi le fil des mouvemens po-
pulaires au fond du cœur des hommes que j'ai trouvés
capables de les fufciter. Il en eft , peut-être , qui fe
ménagent , avec tranquillité , un grand crédit dans
le nouvel ordre de chofes ; qui n'ont mis le trône à
terre que pour y monter. Leurs armes feront des loix
infidieufes , monftres pleins de douceur, ils prof-
criront la vertu fauvage & fans artifice. Je crains
moins l'auftérité ou le délire des uns, que la foupleffe
des autres. Le philofophe les verra , du fond de fon
ame folitaire , mener le peuple à l'efclavage par le
chemin de la liberté , & combiner leur élévation fur
les malheurs de la patrie. Les voilà les factieux qu'on

gnez qu'elles ne tentent de rétablir un trône qu'elles
préféreroient à toute autre tyrannie que la leur;
& parmi les objets de votre prévoyance, comptez
pour quelque chose le fardeau d'un traître à punir.
En effet, vous voulez vous armer contre les conf-
pirations, & votre politique laisse une famille
criminelle remuer de sa prison la pitié des uns,
le reffentiment des autres, & la colère du peuple,
excitée par vos ennemis : les grands revers &
les grands coupables intéreffent les petites ames!
Ne vous laiffez point trop aller à ce retour à
la juftice & à la nature, qui fuit la chutte des
tyrans, à ces faillies qui s'éteignent bientôt : la vertu
époufe le crime dans les temps d'anarchie, & c'eft
là que la corruption fait une paufe, étonnée de
fes propres réfultats : ayez le courage d'entendre
ces chofes; elles font moins funeftes que votre
fommeil; j'ajoute à cela, que la force venue des
parties de l'empire, apportera le tribut de beau-
coup de foibleffe; le crime cherchera par-tout des
libérateurs.....

Je crois avoir prouvé que le deffein de votre
commiffion pouvoit tourner contre vous-mêmes;
que la force n'étoit point dans votre nature, &
qu'un légiflateur, comme les dieux, devoit régner
par la fageffe : je me réfume :

Rendez la vie aux lois que dévore l'anarchie;

accablez les factions fous le joug de la liberté;
noyez les vues particulières; oppofez aux tyrans
la faction de tous les françois; paralyfez le dé-
fordre qui s'organife & s'accrédite par des principes
fans liaifon; jugez cet ennemi cruel de la patrie,
dont le crime eft par-tout écrit avec le fang du
peuple; donnez au peuple le fignal de la vertu
républicaine : c'eft dans ces vues que je vous demande
le rapport du décret qui ordonne qu'une force fera
prife dans les quatre-vingt-trois départemens, &
que je vous propofe le projet de décret fuivant....

. . . . . . . . . . . . . . . . . . . . . . . . . . . . . .

LOUIS LÉON SAINT-JUST.

*La fociété, dans fa féance du 24, a arrêté l'im-
preffion de ce difcours, & l'envoi à toutes les
fociétés qui lui font affiliées.*

DANTON, *préfident.* LAFAYE, *vice-préfident.*

BENTABOLE, *député;* LEPELETIER, *député;*
LEFORT; MOENNE; SIMONNE, *fecrétaires.*

---

De l'Imprimerie de L. POTIER DE LILLE,
Favart, n°. 5.

www.ingramcontent.com/pod-product-compliance
Lightning Source LLC
LaVergne TN
LVHW010245030726
842520LV00007B/2764